東アジア先史文化人の心と社会を探る

― 女性土偶から男性土偶へ：縄文・弥生土偶を参考に ―

鶴見大学比較文化研究所

宗臺 秀明

表紙写真　愛知県陶磁美術館保管／伝メヘルガル遺跡出土

目　次

はじめに　　　　　　　　　　　　　　　　5

先史・原史南アジア社会の概要　　　　　　7

先史バローチスターン社会の土偶　　　　　14

ジョーブ式土偶　　　　　　　　　　　　　16

土偶が意味するもの　　　　　　　　　　　23

他地域での考古学的解釈　　　　　　　　　27

男性土偶の登場と新たな世界観　　　　　　34

バローチスターン文化とインダス文明　　　42

おわりに　　　　　　　　　　　　　　　　49

参考文献　　　　　　　　　　　　　　　　50

はじめに

　仕事や家事、勉学などに追われる私たちの生活は、核家族化の進行によってか、一年のうちに仏事など人の生き死にや先祖に思いをはせる日々が減少している。お盆を行わない家庭もあろう。また、都市化の進展は、人々に地域コミュニティーの一員であることを忘れさせ、仕事場の同僚や学校、同好の士などの友人集団にのみ帰属意識を抱かせるようになってきている。そのため、携帯電話などのネットワークに常に係わっていないと、社会から排除され孤立しているのではないかという不安感を抱かせもしてもいる。しかし、こうした状況は、チャップリンの『モダンタイムス』に描かれた近代化社会の特徴であり、ここで取り上げることになる先史から原史時代の移行期にその発端がある。

　本書では、人々が一定の場所に居所を構え、農耕を開始したころから都市社会を築き始める時期、すなわち血縁を社会的紐帯の基本とした社会から地縁社会が生まれるまでの社会の変革期を取り上げ、そこに生活した集団が何を心のよりどころに求め、また一人ひとりがどのように社会集団の一員であることを確認していたかを土偶から探ろうとするものである。偶は、木偶と同様に人や動物を模ったもので、早いものでは後期旧石器時代に石で、新石器時代以降に粘土で作られ、呪術具や副葬品などとして用いられた。そして、取り上げる地域は土偶が先史農耕社会以降連続して出土し、古代都市文明の一つであるインダス文明が興隆した南アジアに焦点を当てる。

　かつて人々が帰属する社会の結びつきが変化した時期を顧みることによって、現在私たちが直面する社会的帰属意識（アイデンティティー）の希薄化、または喪失による不安感に如何に対処すれば良いのか、その示唆を見いだすことができるのではないだろうか。

先史・原史南アジア社会の概要

　インダス文明が栄えた南アジア北西部は、イラン高原の東端に位置するバローチスターン丘陵とその麓に広がるインダス川流域平原からなる（図1）。バローチスターン丘陵は、イラン高原南西部からアフガニスターン高原そして中央アジアとインダス平原を隔てる障壁であると同時に、丘陵に刻まれた峠道はインダス平原と西方地域を結ぶ重要な交通路をいくつか用意している。

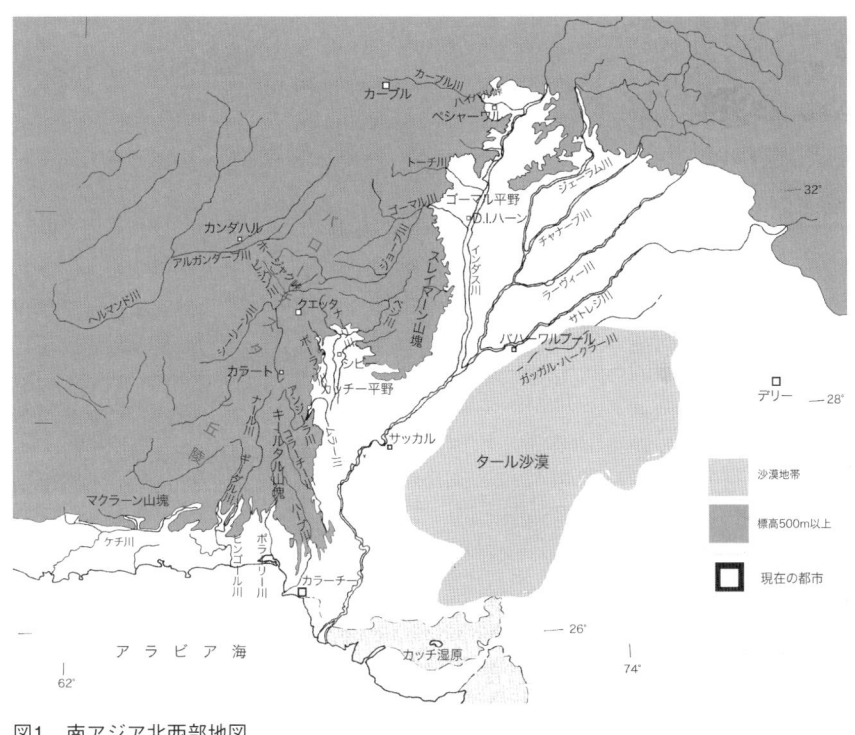

図1　南アジア北西部地図

新石器文化

　南アジアで最初の農耕社会、いわゆる最古の新石器文化は、このバローチスターン丘陵東麓に位置するカッチー平野のメヘルガル遺跡で前6千年頃のⅠa期に興った。メヘルガルの新石器文化は、オオムギ（*Hordeum distichum, H. vugare* および *H. vulgare var. nudum*）の他に少量のコムギ（*Triticum monococcum, T. cicoccum, T. durum* または *T. aestiva*）を栽培し、ヒツジ（*Ovis aries*）・ヤギ（*Capra hircus*）・コブウシ（*Bos indicus* と *Bos taurus*）を飼養するが、土器を持たない無土器新石器文化（PPN: Pre-Pottery Neolithic）であった。

　西アジアに始まった無土器新石器文化は、おおまかに前10000年頃の（PPNA）から、前8000年代以降にヒツジ・ヤギの家畜化（PPNB）、そして牧畜民が新石器集落から分離（PPNC）していく過程をたどる。南アジアの無土器新石器文化は西アジアでの階梯に照らし合わせればPPNB段階からスタートしたことになる。このことは、新石器文化社会が西アジアから中央アジアやイラン高原を経て南アジアに広まったことを示唆している。しかし、アフガニスターンに野生種が現存するタルホコムギ（*Aegilpos squarrosa*）と二条系コムギの交雑種で、北西インドからアフガニスターンを起源地とするインド・ドワーフコムギ（*Triticum aestivum* subsp. *Sphaerococcum*）が早くからメヘルガル遺跡で栽培されていることを考えれば、農耕文化社会が単純に西アジアから伝播したとは必ずしもいえない。南アジアに適応した新たなタイプの新石器文化であったと考えて良いだろう。家畜動物の5割をウシが占めるといったことも、メヘルガルの初期農耕は南アジアに適応した新石器文化であったことをよく物語っている。

都市社会の形成

　Ｉｂ期には編み籠の編み目塞ぎであった粘土を使って、編み籠を型枠とした土器製作への転換がⅡ期に興る。土器新石器文化（Pottery Neolithic）である。土器の形（器型）やそこに描かれた文様（彩文）は地域住民の文化的特徴をよく現し、メヘルガル遺跡周辺はクエッタ文化を形成して、この頃よりバローチスターン丘陵の他の地域に現れたクッリ文化やゴーマル文化との文化交流をおこなっていた。その後、メヘルガル遺跡は居住域を少しずつ移しながらも、前2500年頃まで人々が継続して住み続けた。とりわけ、前3千年紀（前2千年代）に入ってからのⅥ・Ⅶ期は町を取り囲む周壁の存在、そしてその規模から都市と考えられる。

　他方、メヘルガル遺跡が都市社会を築いていたⅥ・Ⅶ期の時期、東方に広がるインダス平原でも都市社会が台頭していた。インダス川下流域のコート・ディジー文化シンド類型、上流域のコート・ディジー文化パンジャーブ類型である。いずれの文化も後に出現する文明社会を準備したとの考えから「初期ハラッパー文化」と呼ばれている。ここで少し説明が必要であろう。

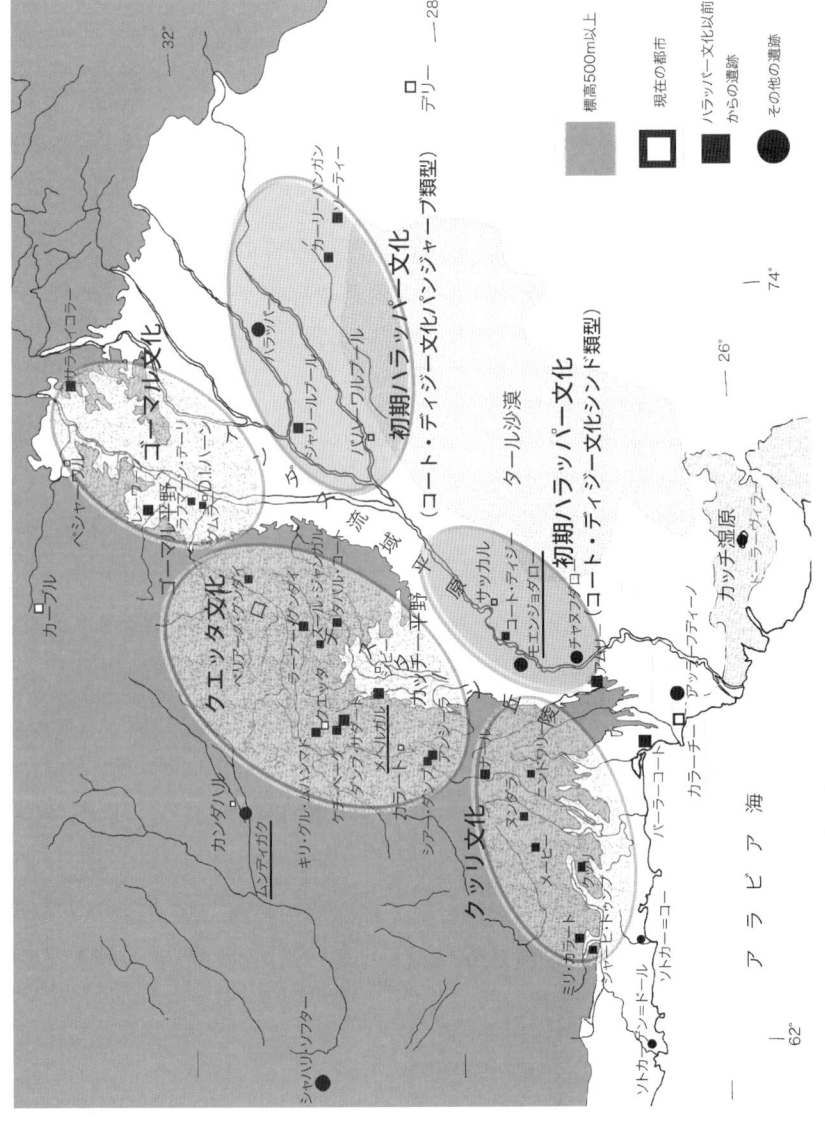

図2 インダス文明以前諸文化分布図

文化・文明の名称

　考古学では、かつての社会を復元・考察する手がかりとして、当時の人々が使っていた道具類などの「器物」を資料とする。「器物」は当然、現在まで遺跡に残されていたものしか対象とすることができないため、すべての「器物」ではなく、長期間腐食しない土器や石器などに限定されやすい。そうした「器物」の集合体を「物質文化」と捉え、それを基に形而上的な「政治・社会文化」、「精神文化」をも復元していく。その手始めとして、まずは「物質文化」の時空間における特徴を文化として把握する。その上で、政治形態や文字の使用など、文明と規定できる要件を備えた「政治・社会文化」を認めたときに文明社会であると考える。その際、考古学上の文化や文明の名称として、文化は物質文化を構成する器物が初めて発見された場所・遺跡名をもって行い、文明はその社会が展開した地域名をもって充てることを慣習としている。よって、インダス川流域に展開した文明社会をインダス文明と呼称し、そのインダス文明を「物質文化」の面から捉え・考察するときには「物質文化」が初めて発見されたハラッパー遺跡の名をとってハラッパー文化と呼ぶ。

　ここで、誤解を招き易いのが先の「初期ハラッパー文化」の名称である。字義的に素直に「初期ハラッパー文化」を解すれば、インダス文明を物質面から支えるハラッパー文化の初期段階と読み取れる。しかし、この場合はそうではなく、インダス文明を支えたハラッパー文化と一部共通する側面を持ち、後にハラッパー文化が形作られるための準備をしたハラッパー文化とは異なる文化を指している。

メヘルガル遺跡とインダス文明

　少し遠回りをしてしまったが、話を戻そう。インダス川やその支流の沖積平野にモエンジョ・ダローやハラッパー遺跡といった大都市を擁したインダス文明が前2600年頃に現れ、メヘルガル遺跡に住む人々もⅦ期の後半段階にはインダス文明が急速にバローチスターン丘陵地域へ向けてその勢力を浸透させていく姿を目にしていたであろう。実際、メヘルガル遺跡の最上層からはインダス文明で用いられていたハラッパー式土器が出土している。つまり、バローチスターン丘陵域にあるメヘルガル遺跡の都市社会は、その東方のインダス平原に出現した初期のインダス文明社会と一時的に併存していたが、後に衰退し、その地にはインダス文明社会が進出したと考えられる。

　メヘルガル遺跡近傍にあってクエッタ文化の小集落であったナウシャロー遺跡は、メヘルガル遺跡が衰退し放棄される直前のⅡ期にハラッパー文化遺跡へと変転した。同地域にあったメヘルガルとナウシャローの両遺跡は、インダス文明と一時的に併存した後に、一方は衰退・放棄され、他方はハラッパー文化遺跡に移行して存続したのである。これは、前2600年頃から100年ほどの間にバローチスターン丘陵のクエッタ文化とインダス平原の初期のインダス文明の都市社会が両地域に並び立っていたことを明示していると同時に、インダス文明がバローチスターン丘陵に進出するにあたって、メヘルガルの都市を衰退・放棄させねばならない状況があったことをも示している。

　メヘルガル遺跡は当該地域で最古の遺跡であり、またそれ以降人々が継続して住み続け、都市へと発展した地域の主要拠点であった。その地域拠点が衰退・放棄され、その近傍に位置した集落のナウシャロー遺跡がインダス文明に組み込まれていく姿には、バローチスターン丘陵のクエッタ文化とハラッパー文化

またはインダス文明が生み出した都市社会間に相克のあったことを推測させる。しかしながら、両社会間に武力的な争いの存在を考古学的に認めることはできない。そうであれば、他の社会的側面において両社会が対立する、またはバローチスターン丘陵に進出したインダス文明側にとって不都合な何ものかがメヘルガルの社会にあったのではないだろうか。相いれないものは、何であったのか。それを窺うために、「物質文化」の土偶を資料として、「政治・社会文化」と「精神文化」に立ち入ってみよう。

先史バローチスターン社会の土偶

　バローチスターンの先史文化遺跡に土偶を初めて正式に発見・報告したのは、1927年のスタインの調査である。1898年に北部バローチスターンに先史遺跡が存在するとの元インド地理調査局（Indian Geological Survey）員ノイトリング（Noetling）の報告に触発されたスタインは、1927年1月より4月にかけてデーラー・イスマイル・ハーンからゴーマル川、ジョーブ・ローララーイー川を遡って、クエッタまでの調査を行い、ジョーブ河畔のペリアーノ・グンダイ（Periano Ghundai）遺跡の建物基礎から他の出土遺物とともに女性土偶を発見した。土偶の出土地点と異なるが、同遺跡に蔵骨器が3点以上発見されたことを前提に、スタインは女性土偶を守護神（tutelary deity）と考えた。スタインは北部バローチスターンの他の遺跡でも同様の女性土偶を発見している［Stein 1929］。さらにスタインは1927年に南バローチスターンの先史遺跡の調査を行う。そこでも先の土偶とは形状の異なる女性土偶をクッリ遺跡で発見した［Stein 1931］。スタインは報告書において、これらの女性土偶について、「容易に女神と認めることができる」［*op. cit.:* 120］、また「東アジアに多く見られる豊饒なる神、地母神（mother goddess）を表している」［*op. cit.:* 126］と述べる。

　後年、ピゴットはこれら南部と北部バローチスターン先史遺跡出土の土偶をクッリ文化のクッリ式土偶、ジョーブ文化のジョーブ式土偶と表現している［Piggott 1950: 127］。ただし、現在はジョーブ文化という名称は用いずに、クエッタ文化と呼んでいる。さらに、フェアサーヴィスはペリアーノ・グンダイの再調査を行って、下層をジョーブ儀礼文化相、上層を火葬蔵骨器文化相として、スタインが同時期と考えていた土偶と蔵骨器埋葬を時期分別した上で、女

性土偶が儀礼に用いられたものであることを強調し［Fairservis 1959: 330］、女性土偶を地母神と呼んだ［Fairservis 1970: 148］。

　このようにして、バローチスターンの先史遺跡から複数種の女性土偶の出土が確認されるとともに、そうした女性土偶は地母神（mother goddess）を模ったものであると考えられた。

　その後の調査を加えれば、でバローチスターンの先史文化遺跡からは、ジョーブ式、クッリ式、ゴーマル式の3型式の女性土偶の存在が知られている。それぞれの土偶型式は、バローチスターン丘陵に展開したクエッタ文化、クッリ文化、ゴーマル文化に対応している。ここでは、先に問題となったインダス文明とクエッタ文化との係わりを考えるために、主にクエッタ文化遺跡から出土するジョーブ式土偶を取り上げる。

ジョーブ式土偶

　ジョーブ式土偶は、臀部や胸部が幅広く、そして大きく表現されており、女性性が強調されている。そのため、出土資料の多くが頸部とくびれた腰で折れてしまっている。破損は意図的に行なわれたものではなく、頸部と腰部の細さと成形における接合部の弱さのためである。

　ジョーブ式土偶の特徴は、次の4点である。

① 下半身を残す多くの例は座像であり、その形態には2種類ある。1つは腰から下、または膝から下の脚を前へ投げ出す、ダンブ・サダート遺跡出土例にみられるもの（図3：11・12・18）。他方は椅子に腰掛けるように腰と膝を折るスール・ジャンガル遺跡とダンブ・サダート遺跡の出土例である（図3：8・9・20・21）。

② 目は大きく丸く開く。ただし、切れ長の細目の例はダバル・コートとダンブ・サダート両遺跡にそれぞれ一例ある（図3・14）。

③ 鼻は高いが、顔全体は尖らずに大きい。

④ 脚部は脚の曲げ方の違いによらず、いずれも尖るように先すぼまりになる。

　これらの特徴の他、頭部には被り物、または頭頂から顔の脇、そして両肩にかかるような髪飾りを付ける。髪飾り

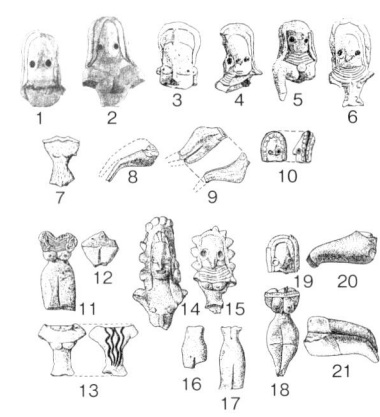

図3　ジョーブ式土偶

1・2：ペリアーノ・グンダイ遺跡　3～6：ダバル・コート遺跡　8：スール・ジャンガル遺跡Ⅱ期　9・10：同表採　11・12：ダンブ・サダート遺跡Ⅱ期　7・13～17：同Ⅲ期　18～21：同遺跡表採〈縮尺不同〉

は、ダバル・コート遺跡出土例（図3：6）に、ターバンのようによじった例も見られることから、布状のものであったろう。また、髪飾りには、丸い突起が連続して縫い付けられたものもある。顔面には目と鼻の他に、口も表現される。目は円盤の中央を丸く大きく抉って表わし、鼻は顔面の粘土を摘み出して表現される。口は刻線で表わされる。首から胸にかけては、ネックレス状の飾りを何重にも懸けている。

　像高は、15cmを越えず、住居の一隅に置かれていたのだろう。脚を前方へと投げ出す一群は、壁などに立て掛けて置かれていたであろうし、膝を折り曲げる一群は、小さな段差の設けられた一角、または臀部とつま先を接地して据え置かれたのだろうか。

カッチー平野の事例

　近年、多くのジョーブ式土偶がメヘルガル遺跡から出土している。それらを観察した後に、ジョーブ式土偶の時間的変遷を考えよう［Jarrege, J.-F. *et al.* (eds.) 1995］。
　図4にメヘルガル遺跡Ⅰb期の前6千年紀後半からⅦ期の前3千年紀中頃までの文化層より出土した土偶の一部を示した。

〈最古の土偶〉

　最古の土偶はⅠa期から出土しているが、造形が不詳のため、続くⅠb期以降の出土例を示す。図4：1は、無土器新石器文化のメヘルガルⅠb期から出土した土偶。上半身とつま先に相当する部位を失っているが、側面図を見るかぎり、腰と膝を折り曲げる腰掛け姿勢のジョーブ式土偶の形状である。正面に

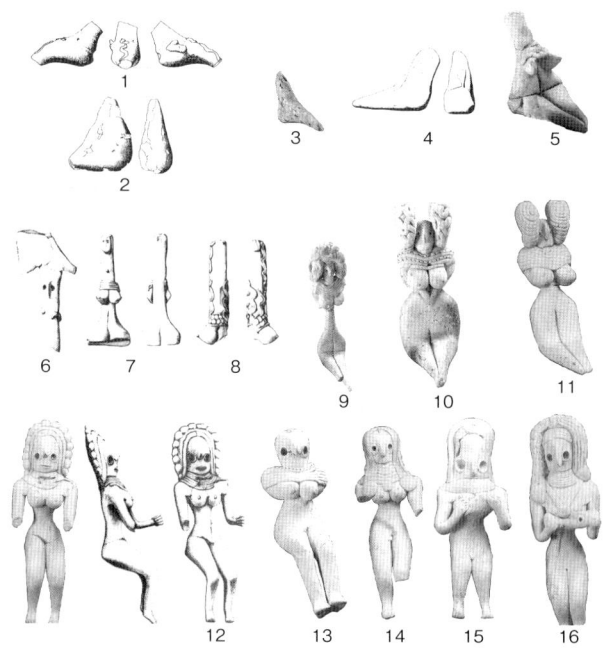

図4　メヘルガル遺跡出土土偶

1・2：Ｉｂ期　3：Ⅱ期　4：Ⅰ〜Ⅱ期　5〜8：Ⅳ期　9：Ⅴ期　10・11：Ⅵ期
12〜16：Ⅶ期〈縮尺不同〉

貼り付けられた粘土紐が脚を左右に分けている。

　図4：2は、Ｉｂ期出土の未焼成粘土塊の土偶。

　図4：3は、土器新石器段階に入った前5千年紀中頃のⅡ期からの出土例である。両端部を残しながらも、臀部や胸部、それに全体の成形に人物像とする確定要素を認め難い。それでも、腰と膝の間を浮き上がらせるようにわずかに曲げている様子から土偶と思われる。

図4：4は、Ⅰ～Ⅱ期層覆土から出土した礫製の石偶。

これらメヘルガルⅠ～Ⅱ期出土の土偶や石偶の4点に、全体が「く」の字に曲がった造形上の共通点を認めることができる。

〈女性土偶出土例〉

前4千年紀中頃、銅石器時代初頭のメヘルガルⅣ期になると、それまでの「く」の字状造形を踏襲しながらも、女性性を明瞭に表わした土偶が現れる。

図4：5は、首の下に円錐形の胸と装飾品を表わした粘土が貼り付けられ、「く」の字に曲がった屈曲部はどっしりとした臀部を表わしている。成形は、腰部でほぼ直角に接合される上半身と下半身がそれぞれ2本の粘土棒を合わせて形作られ、それに円筒形の頭部が載せられる。腕は表現されない。

図4：6～8も明瞭に女性土偶と判別できる。円筒形の頭部に丸く開けられた目とつまみ出された鼻が表わされている。長く引き延ばされた特異な形状の頭部と粘土棒接合による脚部や、腰から体部にかけての表現は、同期の図4：5との間に共通点を見いだせる。これらの土偶にも被り物（図4：6）と髪飾り（図4：8）が表わされていることに注意したい。

〈ジョーブ式典型例〉

図4：9～11は、前3000年前後のⅤ期およびⅥ期から出土した土偶。

髪飾りは顔よりも大きくなり、頭部の重要な表現要素になっている。顔には、丸い目と鼻が作り出される。胸飾りは、首から肩と胸を重苦しいまでに覆っている。全体の形状は、Ⅳ期の図4：5のように、腰を「く」の字に折り曲げる姿を踏襲するが、前方に投げ出した両脚を作る二本の粘土棒は、押しつぶされるようにして、板状の幅広な臀部を形作る。腰の上には、装身具を貼り付けた

別成形の幅広い上半身が接合される。上下半身を別成形する手法は、Ⅳ期の図4：5と同様だが、Ⅴ期の土偶には両腕を腰の前で合せる表現が加わる（図4：10）。これらの土偶は、上下半身の成形や腰折り姿勢、そして胸飾りの共通性から、Ⅳ期から出土した土偶の発展形態であることがわかる。そして、豊かな胸と胸飾りなどのある図4：10・11の上半身の成形手法にみられる範型的なジョーブ式（ダンブ・サダート遺跡Ⅱ期出土例の図3：11）は、この時期に現れたことがわかる。

〈立像の出現〉

　図4：12〜16は、前3千年紀中頃のⅦ期の出土例である。

　膝を少し曲げたような立像に近い例、もしくは腰と膝を曲げる腰掛け姿勢である。脚部を前方に投げ出すような座像は一切見られない。Ⅶ期から出土した土偶の特徴は、両脚が明瞭に分離して表現され、全体に自然な作りである。脚部から腰部が丸みを帯び、臀部もより自然な大きさになっている。下半身同様に、乳房を含めた上半身のバランスも整い、顔には唇が表わされる。また、円板状飾りを配した布、または帯状の髪飾りは、先行例に比べて小さくなっている。なお、図4：13の頭部は、貼り付けられていた髪飾りが剥がれてしまった例である。

　両腕は体部から離れて、その存在を明瞭にしている。指先までが表現された図4：12・15は、肘を曲げて胸の前で何かを抱えるような仕草をしている。その抱えられているのが幼児であったことを図4：16によって類推できる。女性性を誇張する表現が希薄になった代わりに、彼女が抱く幼児をもって女性性を強く表現している点が後の論議で重要となる。

ジョーブ式の確立と変遷

　メヘルガルⅠb期の足を投げ出す座像土偶（図4:3）とⅣ期の座像（図4:5）の形状には、単純であるがゆえの類似性を指摘できる。しかし、両者間の型式連続変化は認めがたい。他方、同じⅣ期の図4:6〜8は、円筒形の頭部表現を誇張した特異なものだが、その髪飾りや胸飾りの表現は、図4:5の製作手法とその腰折れ形状と共に、Ⅴ期以降のジョーブ式典型例へと引き継がれていく。すなわち、Ⅳ期出土の簡略な成形の土偶（図4:5）にジョーブ式の粘土接合技法を、また図4:6〜8にⅤ期以降の女性土偶が身に付ける装飾品を認めることができる。さらにスール・ジャンガル遺跡Ⅱ期出土例やダンブ・サダート遺跡Ⅱ期出土例と一致する女性土偶の成形と表現をメヘルガル遺跡のⅤ期・Ⅵ期の土偶に認めることができる。よって、ジョーブ式の淵源は、少なくとも前4千年紀中頃のメヘルガルⅣ期に求められ、また丸い目と鼻を明瞭に作り出したⅤ期の土偶がジョーブ式土偶の特徴を全て兼ね備えていることから、ここにジョーブ式土偶が確立したと考えて良い。その後、Ⅵ期以降に写実性を強め、または女性性の強調が希薄化して、Ⅶ期には立像を生み出したと考えられる。

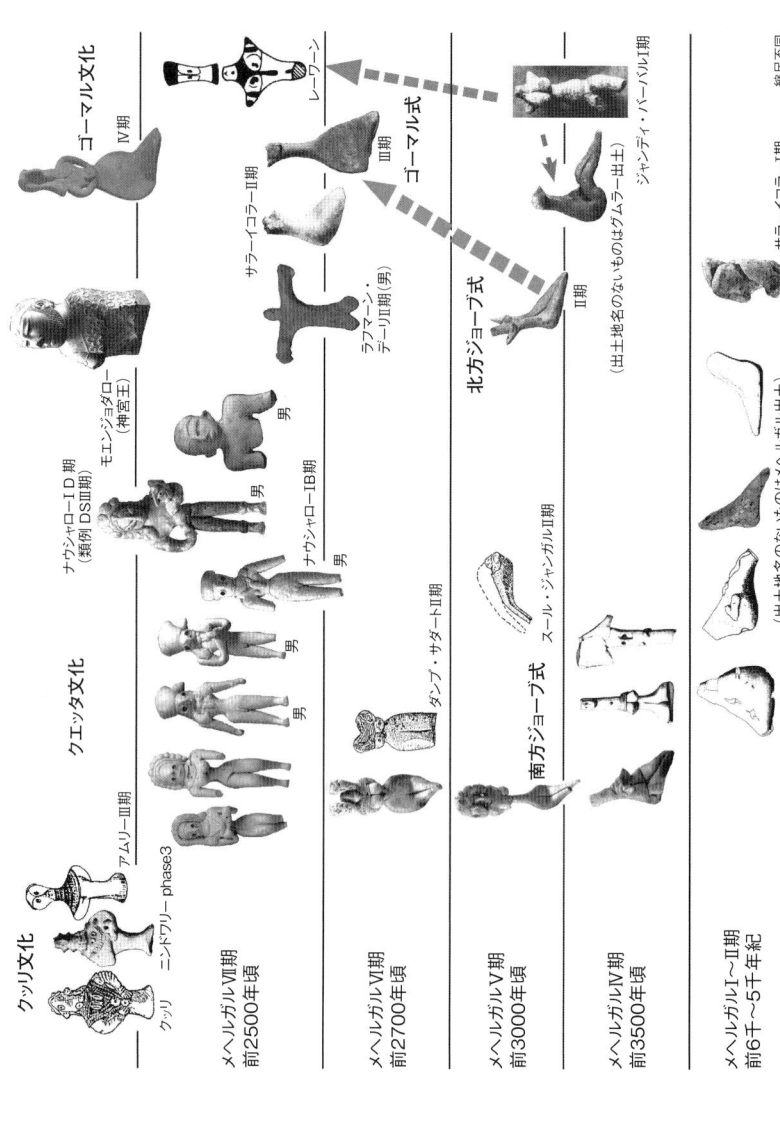

図5 バローチスターン先史農耕社会の土偶変遷

土偶が意味するもの

　バローチスターンの女性土偶を最初にペリアーノ・グンダイ遺跡から報告したスタインは、それを住居または集落の「守護神」と記した［Stein 1929］。後にスタインは、南バローチスターンの調査報告で女性土偶を「容易に女神と認めることができる」とし、さらに豊饒なる神、「地母神」（mother goddess）であると記述した［Stein 1931］。

　地母神とは、ギリシャ神話における大地女神ガイアが神々の祖となったことを下敷きにして、地上の万物を産み・養育する母神をさす。スタインの報告以降、南アジアの先史遺跡から出土する女性土偶は、「地母神」と解釈、記述されてきたが、それに疑問を呈する研究者も少なからずいる。以下に南アジア先史土偶についての様々な見解と、土偶の出土状況から、そうした見解を認めうるのか確認してみよう。その後に、日本の縄文土偶研究も参考に南アジア先史土偶の意味するところを考えてみたい。

これまでの理解

　メヘルガル遺跡の調査に携わったC．ジャリージュは、1991年に遺跡出土土偶の全体像を示している。土偶は最初期より全体が赤色酸化土で彩色され、Ⅶ期には頭髪と目を黒色、装飾品を黄色に着色され、手間をかけて作られるとする。そして、C.ジャリージュは多くの土偶がゴミ穴から出土し、また多くが二次的に焼けているなど、土偶は玩具などの継続使用される性質のものでなく、一時的使用、または短期間に使用され、廃棄されたものであるとした［Jarrige 1991］。また、A.ヤンゼンは、シュメールなどのメソポタミア文献の渉猟から

女性土偶を地母神と想定するも、その出土地点から家庭内祭祀に用いられたものとする一方で、文明期のモエンジョ・ダロー遺跡から出土した数多くの女性土偶を含む土偶全般を分析し、土偶が政治・宗教の中心と考えられる城塞部からの出土例は少なく、土偶の文明期における社会的役割は小さかったとする［Jansen 1992、1993］。

　さらに西アジア出土例を参考にしたD.カスパースは、文明期の女性土偶の頭飾りに花があしらわれているのは、メソポタミアとインダスの女性土偶が植物の豊饒性を現しているとし、儀礼における犠牲に用いられたと考える［Caspers 1994］。他方、S.ゴスリンはメソポタミアのニップール出土女性土偶が次第に役割を変化させ、すべての女性土偶が儀礼に用いられていたとする見解に疑問を呈している［Gosline 1994］。では、女性像であること自体は何を意味しているのであろうか。G.ポセールは、ジャリージュの報告をもとに、幼児を抱くメヘルガル遺跡出土女性土偶は豊饒を象徴するジェンダーの役割を示しているとする［Possehl 2002］。

　このように南アジア先史時代の女性土偶が、儀礼・祭祀に用いられていたとの確証はない。それでは、土偶の用いられ方を窺い知るための情報がメヘルガル遺跡の女性像出土状況から得られないかをC.ジャリージュの報告と重複するが、見てみよう。

出土状況

　最古のⅠa期から最終末のⅦc期までほぼ連続して出土するメヘルガル遺跡の土偶は、多くがゴミ穴や包含層から発見されている。出土点数の明らかなものは、Ⅰ～Ⅱ期出土例で、Ⅰ期が76点、Ⅱa期が17点、Ⅱb期が4点である。

Ⅲ期以降からの出土数が報告されていないが、Ⅳ期以降は出土量が増加する。以下に、出土状況が判明している諸例を見てみよう。

Ⅰa期：包含層（第2層）から未焼成土偶。

Ⅰb期：包含層の他に、建物内の炭化物と礫が詰まった炉跡付近から未焼成土偶が2点。この他に、Ⅰ期の墓地から女性被葬者の手の中に副葬品として収められていたものが1点ある。

Ⅱa期：包含層から「く」の字に曲がった未焼成土偶3点の他に、第3建築層からも未焼成土偶がやはり1点出土。

Ⅱb期：矩形建物北側の空閑地から未焼成土偶と炉跡の付近から未焼成土偶2点出土。

Ⅳ　：包含層から出土。この頃より、土偶は焼成されたテラコッタ製となる。

Ⅴ期：台所と思われる部屋から1点。整地用煉瓦積みの下方から1点。

Ⅵ期：住居跡から印章、土器、石器などと共に頭部破片2点が出土。また、床面だけが残されていた建物跡から1点出土。

Ⅶ期：1千点を超える土偶が包含層と遺丘北側の土器溜まりから出土した他に、住居内と巨大基壇に伴って出土した例もある。また、Ⅶb・c期遺丘頂部南端の整地用煉瓦積みから頭部3点出土。Ⅶ期の後半からは男性像も現れるが、それについては後に触れることとする。

以上、非常におおまかであるけれども、各時期を通じた女性土偶の出土状況を見た。副葬品1点を除いて、土偶の使用状況を明確に示す事例を確認できない。地ならしや廃棄された建物の中、土器片廃棄場所、ゴミ穴からの出土でほぼ大方が占められ、出土状況から女性土偶の用途、使用目的を窺い知ることはできない。

しかし、雛人形はお祀りが終われば流され、年末に氏子が名前を書き、息を

吹きかけて自らの仮身とした紙の人形(ひとがた)を神社に納めて、お祓いをしてもらうことなどを私たちは知っている。一方で人形(にんぎょう)、人形(ひとがた)が時の経過に伴って飾り物や愛玩物に変わることも確かである。他方、儀礼にあっても雛人形のように個人的・家庭内儀礼もあれば、神社でお祓いをする人形(ひとがた)のように個人が共同体成員として年末に行う儀礼もある。共同体儀礼として用いられる造形物、土偶の存在もありえよう。

他地域での考古学的解釈

　西アジアでの新石器段階の土偶の分類とその変遷を探った有村は、出土地点とその出土状態の検討から、土偶は個人的なものであり、家族の用いる護符的なものと考える［有村1996］。同じく西アジアに都市が現れる前後の土偶を検討した長谷川は、シリアの北東部、ユーフラテス河氾濫原に位置する集落遺跡と墓地遺跡から出土した土偶を副葬品としている［長谷川2009］。メヘルガル遺跡の新石器段階でも副葬された土偶のあったことを見たが、シリア北東部の土偶が有村の想定する護符として埋葬墓に副葬されたのか、類例は少なく何とも言えない。また長谷川は副葬にあたっての土偶の意味を示していない。

　西アジアでは、都市期に入ると為政者の像が土製、石製、金属製で作られるようになることもあり、造形物の変遷に研究焦点が向かう傾向が強い。よって、土偶の研究では、その型式的検討からの文化接触や文化段階を理解するために取り上げられることが多く、土偶の意味内容に迫るものは少ない。

縄文文化と土偶

　他方、国内の縄文文化研究では、土偶の意味論が積極的に論じられている。縄文文化とインダス文明またはその前段階とでは社会分化の様相は異なり、縄文文化における土偶解釈をそのまま適用できないことは言うまでもない。それでも南アジアの先史・原史文化理解に有益な見解が多数示されている。

　明治19年、白井が土偶の用途を「護符」と初めて論じて以来、縄文文化の土偶は、早くからその出土状況、特に破片として出土する場合が非常に多いことが注目されてきた［白井1886］。坪井は土偶が祭祀に用いられたとき、意図

的に破砕されたのではないかと指摘し、その解釈は連綿と受け継がれてきた［坪井1889］。その顕著な例が、水野や吉田の展開するオオゲツヒメ伝説とハイヌヴェレ神話に見られる女性の体の各所から植物・穀物が生成する神話を反映した世界観の中で土偶祭祀が行われて、破砕されたとするものである［水野1974、1979；藤森1969；吉田1976］。

　それまでの土偶研究を土台に縄文土偶をまとめた江坂は、土偶が成形・焼成後、手、足、体部の各部分を故意に破砕されることで何らかの用途を達成したものと想定する。しかし、数はわずかだが、ほぼ完全な形で発見される土偶もある。破砕されることに意味を持った土偶と、何か異なった意図のもとに完形のまま埋納された土偶があると考える。また、土偶が多く出土する貝塚について、縄文時代の貝塚は、単なるごみすて場ではなく、あらゆる生霊に対する再生を願い、食料の豊産を祈る祭場であった。よって、土偶が再生を願う祭りの場に登場してもおかしくない。しかし、極めて初歩的な管理栽培段階の縄文農耕文化に、オオゲツヒメ伝説などの観念は成立しないが、土偶が女神像であり、あらゆる再生を促す神と考える点は頷けるとする。さらに、形代のように疫病、骨折などの身代わりとして破壊されるという考えにも賛同している［江坂1990］。

　江坂の想定は、縄文文化土偶理解の標準的なものであり、メヘルガルのゴミ穴から出土する多くの土偶の理解に直結させることはできないが、一つの視点として有益である。しかし、近年では従来説の再検討を含めて多方面からのアプローチがなされている。

　土偶と同様に人の顔を造形した人面または土偶装飾のついた縄文文化の深鉢型土器を検討した吉本と渡辺は、土器に付けられた人面または土偶装飾が四季の変化の最も顕著な落葉広葉樹林帯を背景に成立し、女神の身体から食べ物が

生み出される様子が一段と明らかに表されているとして、地母神的観念の存在を土偶と土器との結びつきから再論している［吉本・渡辺1999］。また、能登と金子は土偶が本当に破砕されて出土するのかを検討し、細かな破片となって出土するのは、南アジアのそれと同じく、製作手法に起因する可能性が高く、オオゲツヒメやハイヌヴェレ神話と土偶との結びつきに疑問を投げ掛けている［能登1983、金子2003］。

神話との直接的関係は否定されても、土偶と植物の生育・豊饒との関係を重視する観点が捨て去られたわけではない。

原田は縄文土偶を集成・分類して、縄文早期に現れ、中期に爆発的に増加する土偶は（1）子供の出産・養育・育児のシーンを表すものと、（2）仮面舞踏などの祭儀のシーンを表現したものに集約され、土偶の役割期待として（A）家族レベルの祭祀、（B）集落単位以上の大きな集団レベルの祭祀が投影されているとする。そして、壺を抱く土偶の存在に注目して、土偶は豊饒のシンボルとしての役割期待を完全に獲得しており、家族単位のひっそりとした祭祀のほかに、集落規模あるいは遺跡群規模の集団祭祀での"呪的な道具"の代表格として位置づけられていたと、原田は考えている。さらに重要なのは、縄文時代後期に女性土偶の性的表徴が捨象されることを受けて、土偶は"性を超越した造形物"＝縄文人たちがイメージした"カミ"の姿、として表されるようになったとする点である［原田2007］。

土偶に"カミ"観念を造形化したかどうかは推測の域を超えているが、当時の人々の抱く世界観の一部を表していた可能性はあろう。そして、女性性表現の衰退はメヘルガル遺跡の土偶にも観察された現象であり、土偶のもつ意味表徴の重要な変化であることを示している。この点については後段で考えてみよう。

他地域での考古学的解釈　29

心理学の援用

　学際的研究、または他学の援用による土偶の役割、機能解釈を、磯前が一連の作業で行なっている。磯前は分析心理学、特にユング心理学の心的発展段階の象徴変化を縄文土偶の造形と出土状況から読み取ろうとする。すなわち、無意識的な心の表現形態である「象徴」が人の自我と無意識の領域とに分離されないことを前提として、人の心と自然とが切り離されていなかった先史社会では人間の造形行為あるいは儀礼行為が心そのものであると理解する［磯前1988］。こうした理解の下敷きとなったのが、ユング分析心理学にあって女性性に対する解釈を示したE.ノイマンの著作である。

　ノイマンは女性の中心的象徴は容器であるとし、次のように述べている。女性＝身体＝容器（子宮）という基本的象徴の等式は、女性性に対するおそらくもっとも根源的な体験に対応するものであり、容器から流れ出る水が男と見なされ、地母＝容器の深みから生まれたものは息子としての性格を持っている。ここにも容器（＝壺）が現れてくることに注意したいが、話を先に進めよう。さて、息子が男性的運動や活動をするときにも、グレート・マザーは彼をしっかりと抱きしめ、離そうとしないで支配するように描かれる。そして、グレート・マザーは、しばしば大地に座するものとして現され、大きな腰となって表される。それは大地との密接な結合を現している［ノイマン1982］。

　このノイマンの考え方をもとに、磯前は縄文文化の土偶を次のように見ている。腰を据えて膝を抱える屈折土偶の「体をこごめる姿勢」は、胎児の姿勢にも似て、再生観念の表現と推測できる［磯前1987、1992］。また、土偶の破砕を改めて一部肯定した上で、土偶の出土遺構、出土状況などから、製作・故意の破損・廃棄と埋納の過程を母性性の力の再生・復活の行為とする。さらに、

土偶の用法について、埋納はその場の機能の停止や死の象徴であり、送りとその再生、生命の復活を願ったものであり、土偶は自然・集団・母性性の象徴として大切にされた。土偶はその発見量の多さからしても、基本的には各竪穴に安置されたものと考えるのが妥当で、土偶は原田が示した用法のうち下位空間・集団（住居・家族単位）で用いられたとしている［磯前1987］。磯前が縄文土偶に死と再生・復活の象徴性を与えたように、女性に生命をつかさどる役割、新たな生命力の復活と豊饒、そして死を繰り返す自然の営みを重ね合わせていることがわかる。

　ノイマンおよび磯前の女性像に対する見解によって、女性像がすでに後期旧石器時代のヨーロッパで作られていた心的背景を理解でき、土偶が未焼成の土製であった時点までは旧石器文化からの心的連続性を認めることができる。そして、焼成して材質を変成させた焼成土偶は、死と再生の観念を強く表している。焼成によって材質を変化させた土偶は、新たな材質の土偶として生まれ変わったものであり、焼成土偶は女性性の更なる強調行為と考えられる。

　ノイマンのグレート・マザーが地母としての意味だけではなく、地母神を意味していることは、mother-goddessの用語がしばしば文中に用いられていることからわかる。また、ノイマンは、大地の女性としてグレート・マザーは《玉座それ自体》であるとして、膝に抱かれることは胸に抱かれることと同じように、大いなる女性が子供を、また男を、養子としてもらい受けることの象徴的表現であるとする。グレート・マザーが「玉座」であるとの指摘は興味深い。

　こうした母と子との関係は、南アジアにおける文明社会、そして日本列島における縄文文化から弥生文化への社会的展開時の考察に重要な意味を持つ。

先史時代人の心

　縄文土偶が豊饒のシンボル、地母神の性格を持つとする考えが一つの流れとなっている。しかし、一度立ち止まって、当時の人々がどのように土偶を考えていたのか、すなわち認知していたのかを問う研究動向もある。

　松本は土偶の性格を探るにあたって、女性であることを前提にその女性性や母性と土偶との関係を想定するのではなく、まずは人の造形物であることより出発すべきであるとする。個体識別をするうえでもっとも重要な身体部分である顔面の表現からパーソナリティーを認識し、さらに表情から感情を読み取ることは、社会生活を営むうえで不可欠なものとして進化した認知能力であり、文化の違いを超えた普遍性をもつ。したがって、顔のある土偶と顔のない土偶では、その認知の仕方、そこから読み取れる情報は必然的に異なるとする［松本2004］。しかし、人類学的視点から見るならば、大局的には女性土偶に母がもつ豊饒性を見て取れるのではないだろうか。

　チンパンジーを通して、ヒトのプリミティブ・生得的な能力について研究している松沢によれば、ヒトは意思のある物体とそうでない物体とを分別して、意思のある物体の内面・心を推し量る能力を生まれながらに持ち合わせていると指摘する。その能力は4〜5歳児に芽生え始め、自分とは異なる他人の見る世界の存在を認め、その心の世界を他人の行動や発言から想定すると紹介している。さらにヒトもチンパンジーも生まれた当初は母親の下で庇護・保育され、母親の行ないを見ながら、それを模倣し、物事や社会的規範を学んでいくことに変わりはなく、子は母から与えられた自らの庇護と保育、そして時間の経過とともに出産の場面にも遭遇し、自らを産み落としたのが母であることを知り、女性の役割、意味情報を最初に受け入れることとなるという。さらに、モノの

もつ意味情報をチンパンジーは理解することができ、その意味情報がヒトの大人では固定化することを、色がどのような物の象徴として認識されているかを調べるカラー・ストループという実験から実証している［松沢2002］。

　これらのことから、ヒトは母・女性の意味情報を自然と受け入れ、それを次第に認識し、そして固定化する。加えて、ヒトとチンパンジーはすでに小児の段階で女性のもつ意味情報を理解し、さらに他者の世界における象徴の意味情報を窺い知ることが可能な生物であることがわかる。

女性土偶に対する認知

　人は他人が造作した女性土偶からどのような意味情報を得られるかと言えば、まずは庇護・保育、そして出産という自らが母に抱いている意味情報から出発して、土偶の形状を観察して、その作り手が表そうとした意味情報を探ることとなる。これまでに見てきた女性土偶の形状から、先史時代の人々が読み取る意味情報は、出産と自らを覆い包む庇護であることは、明らかである。

男性土偶の登場と新たな世界観

　ここまで、先史時代の女性土偶に込められた人々の願い、役割期待を見てきた。そのなかで、原田が縄文土偶に女性性の表徴衰退と併行して新たな表徴を備えた土偶の出現を示していた。じつは同様の現象が南アジアのメヘルガル遺跡Ⅶ期出土土偶にもみられる。女性土偶の女性性が衰退し、インダス文明の展開が間近に迫ったメヘルガルⅦ期に男性土偶が現れる。男性土偶はⅡb期に1点だけ現れていたが、その後は全く出土せず、このⅦ期になって改めて数多く造形される。

　図6：1はメヘルガルⅦ期に併行するナウシャロー遺跡ⅠB期、2〜4はメヘルガル遺跡Ⅶ期から出土した男性土偶である。図6：1〜3は、両脚の膝と腰を

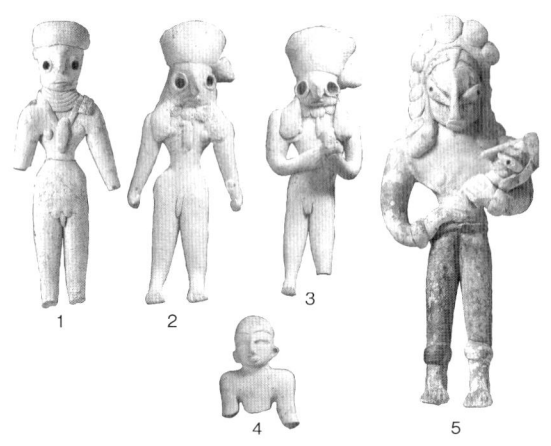

図6　男性土偶

1：ナウシャロー遺跡ⅠB期　2・3・4：メヘルガルⅦ期
5：ナウシャローⅠD期〈縮尺不同〉

全く曲げない完全な立像に表わされている。股間には男性器を露にし、頭上に帽子（図6：1）、または幅広の布を巻きつけた頭飾り（図6：2・3）を載せる一方で、首から胸にかけての装飾品以外は何も身に付けていない。胸飾りは、女性土偶に見られなかった長方形の「垂飾」である。ネックレス状飾りも身に付けるが、「垂飾」に隠れるようにして小さい。両腕は、横へ広げる図6：1・2と胸の前で小型の器を捧げ持つ図6：3がある。他方、丸く大きな目と摘み出した鼻と唇を表わした顔、そして全体に簡素な表現は、同時期の女性土偶と全く同じ手法で作られている。新たに現れた男性土偶の製作者集団とそれを受け入れたのは、従来から遺跡に居住し続けていた人々であったことがわかる。ノイマンが女性の中心的象徴とした容器を両手で胸の前にもつ仕草（図6:3）は、メヘルガルⅦ期より少し新しい他のバローチスターン丘陵の先史遺跡にも見られる（グムラー遺跡Ⅳ期のゴーマル式女性土偶とニンドワリー遺跡のクッリ式女性土偶である）。さらに、メヘルガル遺跡最終末から、その直後に相当するナウシャローⅠD期からは、「幼児」を抱く男性土偶が出土する（図6:5）。これは、メヘルガルⅦ期の幼児を抱いた女性土偶（図4：16）の意匠を起立した男性土偶に置き換えたものと考えられる。

　メヘルガルとナウシャロー遺跡から出土した男性土偶は、女性像に与えられていた意匠をインダス文明出現前後に現れた男性像に与えたことを示している。バローチスターンの先史文化を代表するクエッタ文化の都市遺跡メヘルガルがインダス文明と係わりを持ち始めた時期に伝統的な女性土偶に代わって、男性土偶が作られたことを如実に表している。では、なぜこの時期に男性土偶が出現したのだろうか。その問は、造形的変化が何を示すのか、つまりは人々が土偶に込めた意味の変化を探ることとなる。意味の変化があるとすれば、それは人々の心、社会、世界観の変化を表していることになろう。

新たな象徴性を与えられた男性土偶

　メヘルガルⅦ期の男性土偶には、女性土偶の表徴が与えられていた。女性土偶に抱かれた幼児は、豊饒なる女性によって産み落とされた者として、女性の豊饒性を象徴している。その豊饒なる幼児を抱いたナウシャローⅠD期の男性像は、男性が社会的豊饒を保護・保証することを象徴的に表わしていると理解できよう。その一方で、Ⅶ期の女性土偶の造形が写実的となり、豊饒の容器としての性格の希薄化を現している。幼児を抱いて豊饒性を象徴する男性土偶の登場と女性土偶の女性性の希薄化が一体となっていることに注意すべきである。

　幼児、小サ子（チイサゴ）について、石田は女性による世界の創造が処女懐胎（地母神）に始まり、その息子との性行為によって民族を生み出したとする世界観は広く多くの民族に見られ、その小サ子は男性原理を表し、年毎に生まれ変わると指摘した［石田1987］。年毎の生まれ変わりは、再生と衰退した力の復活を象徴する。そうした小サ子を抱く女性土偶の写実的表現は、女性土偶が担った豊饒と人そして社会の保護・育成の役割期待が希薄化して、小サ子にその役割が移転し、さらにその小サ子を男性土偶が抱くことによって間接的にかつての女性土偶が担っていた役割を男性土偶に置き換えていく過程を示している。ノイマンによる女性性の理解を踏まえるならば、小サ子の「玉座」が女性から男性に代わったのである。

　図6：5の腋の下から胸にかけての水かき状の広がりは着衣を示し、両脚首と両手首の膨らみは、衣服の袖と裾を留める腕輪とアンクレットだろう。この衣を纏った南アジア最古の土偶に性器の表現はない。しかし、図6：1～3と同様に、細い臀部と乳首だけの胸の表現は、男性像と考えて間違いない。一方で、衣服を纏った土偶は、メヘルガルⅦ期とナウシャローⅠB期より出土した男性

土偶の特徴である長方形の「垂飾」を掛けない。加えて顔の表わし方も変化している。額中央に三角飾りのある鉢巻きをし、引き目のような切れ長の目の中に眼球を表わす丸い穴が穿たれている。

アーモンド・アイ

　切れ長の目は、これまで女性土偶とされていたダバル・コート遺跡出土の図3：3、そして長方形の胸飾りも身に付けるダンブ・サダート遺跡出土の図3：14にも見られた。これらを男性土偶と捉え直すことが可能かもしれないが、切れ長の目について興味深い土製品がある。

　2011年に報告されたその土製品は、雄牛の頭部を舳先に模った船形の中に男女の土偶が都合15体配されたものである。船形は牛車とも想定されるが、車輪はない。船中には椅子に座る5体ずつ2列、10体の女性土偶が並び、その後ろのデッキに設けられた覆い屋の下の玉座と想定された椅子に大型の女性土偶が座る。また、玉座の両脇と女性土偶群の前にそれぞれ2体ずつの男性土偶の立像が配置されている。玉座に座る女性土偶の目は切れ長の目であるが、脇に立つ男性土偶の目は丸い［Vidale 2011］。本例は出土品ではなく、骨董市場で購入された個人の所蔵品であるが、本書の表紙に掲げた土偶と同様の造形であり、類例が複数存在すること、また表紙の土偶がそれと齟齬のない時期の土器とともに蒐集されていることなどから、これらの切れ長の目の女性土偶を先史バローチスターン文化の所産と考えて良い［Shudai *et al.* 2015］。

　船形土製品に表された土偶群を参考にすると、切れ長の目の女性土偶は、上に認めた女性土偶から男性土偶へと社会的役割期待が推移する過程の途上に位置づけることができる。言い換えるならば、社会を保護・育成し、その豊饒を

保証する役割が女性土偶から小子を介して男性土偶へと移転していく過程で現れたものと考えられる。

　ナウシャローⅠD期出土の男性土偶（図6：5）は、ジョーブ式土偶の表徴である装飾品表現をもたないが、ジョーブ式女性土偶が被った髪飾りを頭上に載せている。クエッタ文化では、男性の性的特徴のみの男性土偶によって表わされる世界観・心性を社会集団全体で共有するまでには至らず、生殖能力を象徴する女性土偶の表徴である髪飾りと幼児を抱く状況を付加せざるをえなかった。それでも、メヘルガルⅦ期からナウシャローⅠD期にかけてのクエッタ文化地域では、女性と共に男性によっても表わされる世界観が醸成されていたことを示唆している。すなわち、幼児を抱く女性像（図4：16）と豊饒性を象徴する器や幼児を抱く男性像が併存したメヘルガルⅦ期の人々は、女性原理と男性原理の双方に社会の繁栄を求めていたことになる。少なくとも女性土偶のみであった従前の社会とは異なり、男性立像の出現は、社会集団の世界観に変化のあったことを如実に示している。ジェンダーに基づく役割期待が確実に変化し始めていた。

　さらに切れ長の目という新たな表徴が世界の豊饒を約束する土偶に現れたことは、土偶自体にも新たな役割期待が寄せられていたのではないだろうか。それは、バローチスターン丘陵の文化がクエッタやゴーマルの地域文化として凝集力を強めるなかで、クエッタ文化には女性土偶のみを製作していた時期とは異なる社会が生まれ、そうした社会が自らの世界観を表わす必要性、新たな社会統合理念を背景として、切れ長の目、小サ子、そして男性立像は生み出されたと解釈することが許されるだろう。

男性像と社会構造の変化

　ここで今一度、日本列島出土の土偶と関連遺物から窺われる男女の社会的役割について見ておきたい。設楽は土偶を理解するには土偶だけでなく、当時の儀礼構造を示す他の遺物を含めた考古学的事象の組み合せの中で、儀礼全般の中の一つとして土偶祭祀を位置づけて考えなければならないとする［設楽1996］。つまりは、各々の遺物や事象に示される儀礼行為がそれぞれ別個の意味を持つことはまれで、各儀礼が互いにその意味を重複させ、そして補い合っているとの考えである。そうした前提のもと、設楽は縄文社会での儀礼行為に伴う遺物のうち、土偶と石棒を取り上げて、その原理を次のように示す。

　土偶＝女性が土でつくる＝女性原理の象徴＝ヒトの誕生と成育を表現し、ヒトの死に関わらない。

　これに対して、

　石棒類＝男性が石でつくる＝男性原理の象徴＝ヒトの死に関わる場合がある。

　設楽は土偶とヒトの死との関係を墓に副葬されるか否かを基に導き出しているが、こうした男女の対立的な原理は生業における性別分業のありかたに根ざし、社会組織のあり方にも影響していると指摘する。この原理が縄文文化後期に至って、土偶の副葬に始まる女性原理のヒトの埋葬への関与、あるいは弥生前期に見られる男性土偶の登場は、縄文時代の基礎構造に弛緩のあったことを表すものであり、変わりゆく文化と社会のひとこまを示している、と述べる［設楽1996］。

　弥生時代には男性土偶、さらには土偶型容器と呼ばれる造形物が男女ともに作られる。日本列島の土偶はほぼ中空の造りであり、この土偶型容器も大振りで頭部が塞がれていない土偶と考えて良いものである。その土偶型容器に興味

ある推移がみられる。古い段階では女性像は大きく、乳房も表現されていたが、新しくなると男性像が大きく作られ、女性像の乳房が欠落していく。当初女性原理が勝っていたものの男性原理が台頭し、女性土偶の女性性が欠落する。南アジアの先史土偶に観察された女性性の衰退と男性土偶の登場に見られた土偶に対する役割期待の変化と同様の男女土偶表徴の変化である。原田も縄文文化後期以降の土偶の性表徴に変化の兆しのあったことを指摘していた。設楽はその変化を朝鮮半島から日本列島にもたらされた農耕文化複合の一つとしての男女一対の観念であり、弥生時代に始まった水田穀物栽培において通年にわたる重労働を担って農耕に全面的に関与した男性の役割が大きくなったことを要因と考えている［設楽2007］。男性土偶の出現は、性別分業のあり方や生業の推移による社会の変化に起因し、社会組織のありようにも変化を求めた結果であった［秋山2002］。ジェンダーに基づく社会的役割の変化が縄紋と弥生文化の男女土偶の出現と表徴の変化に表されたとする。

　他方、春成は縄文社会に特徴的な抜歯習俗の検討から婚姻後の居住様式を求めて、集落集団の紐帯が妻方居住婚から選択的居住婚、そして夫方居住婚へと推移しても女性出自が優勢であった縄文社会から、夫方居住婚が優勢で男性居住地の集落社会が優先した弥生社会へと変化したことを認めた。それによって、父系的傾向をもつ世帯の相対的自立が進み、それを前提とする世帯間の階層分化が進行したとする［春成1985、1986］。抜歯習俗の変化から読み取れる婚姻後の居住形態の変化と社会集団の結びつき方の原理が変化し、集落内に世帯単位の階層分化が想定されている。

　本書で取り上げた女性土偶の女性性の衰退とあいまって男性土偶を造り出した南アジアの先史社会は、インダス文明という古代国家を直前にして、都市を形成していた。そこでは階層化が格段に進展し、周壁で囲まれた一般居住地か

ら分離して建てられた大型建物が都市社会を統治する組織の存在を示唆している。都市では交易が活発に行われ、交易に携わる域外の人々も訪れていた。血族集団から離れて都市に住む人々の間には、交易や工芸活動などの経済活動を基盤とした地縁集団化と階層化が一層進展し、複雑化した社会が構成されていたであろう。こうしたなかで人々は心の支えを、疑似的血縁を含んだ母子関係ではなく、複雑化した社会をまとめ上げる力に包摂されることで得るようになったのであろう。それは、生得的認知力に基づく地母を象徴する土偶を用いた家族などの小集団による家庭内または氏族内祭祀による心と社会の安定を求める社会集団から、複雑化社会を力で統合する男性原理によって心と社会の安寧を求める都市社会集団の出現を示唆している。

バローチスターン文化とインダス文明

男性像とインダス文明

　ナウシャローID期から出土した男性土偶に見られる額飾りが付いた鉢巻きと切れ長の目、そして着衣といえば、モエンジョ・ダロー遺跡出土の凍石製「神官王」が思い出される（図7）。さらに、同様の男性石像は、西方に位置するムンディガク遺跡でも前3千年紀中頃のⅣ3期の周壁内建物から出土している（図8）。クエッタ文化における男性像の出現は、インダス平原のみならず、西方の文化・社会動態とも関連していたと考えられる。

　はからずも、図6：5が出土する前2600～2500年のナウシャローID期からは、ハラッパー式土器が出土する。この時期、クエッタ文化社会からは、その東方にインダス文明のハラッパー文化の社会が確実に見えていた。メヘルガル遺跡のⅦ期に男性土偶が現れ、そしてメヘルガルⅦ期末に相当するナウシャロー遺跡のID期に従前とは全く異なる表徴を備えた男性土偶が出現した直後に、その文明領域を西方へと拡大させるインダス文明を前にしてカッチー平野の文化的・経済的拠点であったメヘルガル遺跡は衰亡する。他方、ナウシャロー遺跡は、そのⅡ期にハラッパー文化集落へと移行する。そして、ついにクエッタ文化の男性土偶はナウシャローID期を最後に製作されなくなる。

図7　モエンジョ・ダロー遺跡出土

図8　ムンディガク遺跡

インダス文明の男性像と社会背景

　モエンジョ・ダロー遺跡城塞内に発見された儀礼の場である沐浴場一帯は、隣接する穀物倉を一部壊して、より新しく作られている［Wheeler 1950, 1968: 43-44］。これら遺構の前後関係は、沐浴儀礼よりも早くに、何らかの力の行使を伴った穀物集積が行なわれていた可能性を示し、水に関連した儀礼を伴う沐浴施設や、それを執り行なう人々の組織、さらには城塞部の儀礼の場としての聖性は、後から付加されたことを示している。つまり、モエンジョ・ダロー遺跡を始めとするインダス文明社会では、「神官王」像に象徴される男性像によって表わされた世界観の成立が先にあったが、次第に城塞部で行なわれる儀礼とそれを行なう集団による統治へと移行した可能性が高い。

図9　モエンジョ・ダロー城塞部沐浴場（中央）と穀物倉（奥）

この城塞部での沐浴儀礼の成立後、男性像は市街地内の「聖所」に置かれて、都市住民によって尊崇されたことを窺わせる建物とそこから出土した土偶がある。沐浴施設を含めた20以上の部屋が周回式に配置されたモエンジョ・ダロー遺跡市街地であるHR地区の建物Ⅰは、発掘者であるマーシャル以来、「寺院」（temple）、もしくは宗教施設として注目されてきた［Marshall 1931: 177; Wheeler 1968: 52; Jansen 1985]。市街地の他の建物と比べて異質な構造の「寺院」からは、男性石像が2点出土している。その内の1点は額の飾りはないが、「神官王」像の風貌と良く似て、切れ長の目を持ち、鉢巻きをしている（図12）。「神官王」像を始めとする男性石像の出土をもって、すぐさま「寺院」・宗教施設と解釈することができないこ

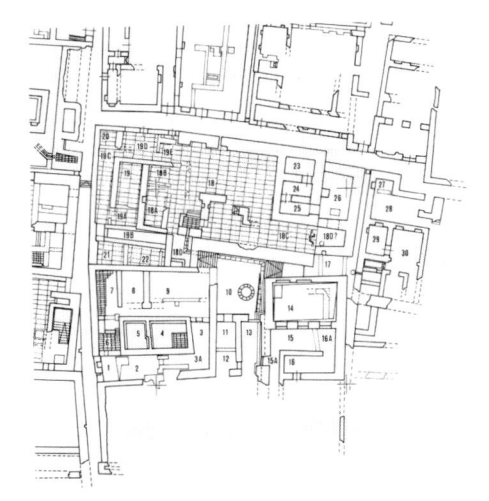

図10　モエンジョ・ダロー市街地建物Ⅰ（Jansen 1985）

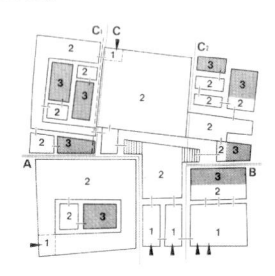

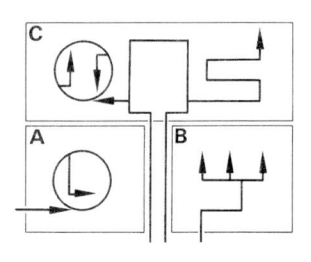

図11　建物Ⅰ出入り口復元（上）と動線模式図

44

とは言うまでもない。しかし、人々はこれらの男性像に何らかの社会的尊崇の念を向けていたのではないだろうか。切れ長の目をやや下向きの視線と捉えることができれば、切れ長の目の土偶や石像が人々の立ち位置よりも上方にあり、仰ぎ見る人々に視線を向けた作りと考えられる。そうであるならば、これらの切れ長の目の男性像は壇上に祀られるものとなっていたとも考えられるが、あくまでも推測である。

　他方、インダス文明期の女性土偶には、クエッタ文化を含めたバローチスターン丘稜に展開した先史文化であるバローチスターン文化の女性土偶と異なって、豊饒性を現す表徴がなく、日常生活の一場面を描いたものばかりである。そこに社会的役割期待を担った造形はない［Clark 2005］。

都市社会間の併存と対立

　インダス文明の成立過程には未だ不明な点が多く残されているが、文明初期段階のハラッパー文化とバローチスターン丘陵の文化との間に微妙な関係を見

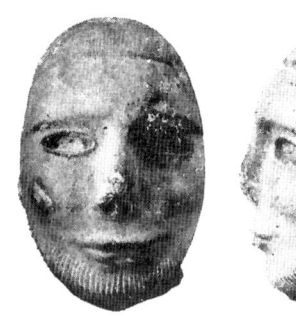

図12　モエンジョ・ダロー建物Ⅰ出土男性石像

ることができる。

　インダス平原の北西に位置し、インダス文明以前から続くゴーマル文化のラフマーン・デーリ遺跡とグムラー遺跡では、インダス文明期に至るまで住民生活が間断なく営まれた。ラフマーン・デーリ遺跡は、ハラッパー文化と混在するグムラー遺跡よりも早くに衰退したものの、基本的にインダス文明初期までゴーマル文化を保持し続けた。そこにインダス文明との強い対立関係を見いだすことはできない。他方、クエッタ文化地域では、ダンブ・サダート遺跡、メヘルガル遺跡などの都市や拠点集落がインダス文明と出会った直後に放棄され、小規模集落であったキリ・グル・ムハンマド遺跡、ダバル・コート遺跡やナウシャロー遺跡などは、その上層にインダス文明期のハラッパー文化居住層を残した。こうしたゴーマル文化とクエッタ文化が示すインダス文明との関わり方の相違は、両文化における土偶に見られる男性性の明確化、世界観の変化の度合に応じたものだったのではないだろうか［宗䑓1999］。

　インダス文明の世界観を表わす遺物の一つである男性像（「神官王」像）とクエッタ文化のジョーブ式男性土偶の容貌や鉢巻と額飾りに共通点を見いだした。それは、土偶に内在された世界観、または社会の心性において、両社会に通底するものがあったことを示している。そうしたインダス文明とクエッタ文化は、より一層の社会統合を高める際の競合相手となっていたのだろう。それゆえにインダス文明にとって、クエッタ文化の社会的心性・世界観は、自文化の領域拡大にあって障害になったと想定できる。インダス文明はクエッタ文化の文化的・経済的拠点であったメヘルガル遺跡を衰亡せしめ、その一方でキリ・グル・ムハンマドやダバル・コート遺跡のような小規模集落は、インダス文明期にハラッパー文化集落として生活が営まれつつ、ジョーブ式女性土偶も作り続けられた。それは、クエッタ文化における新たな世界観に基づく地域社会の

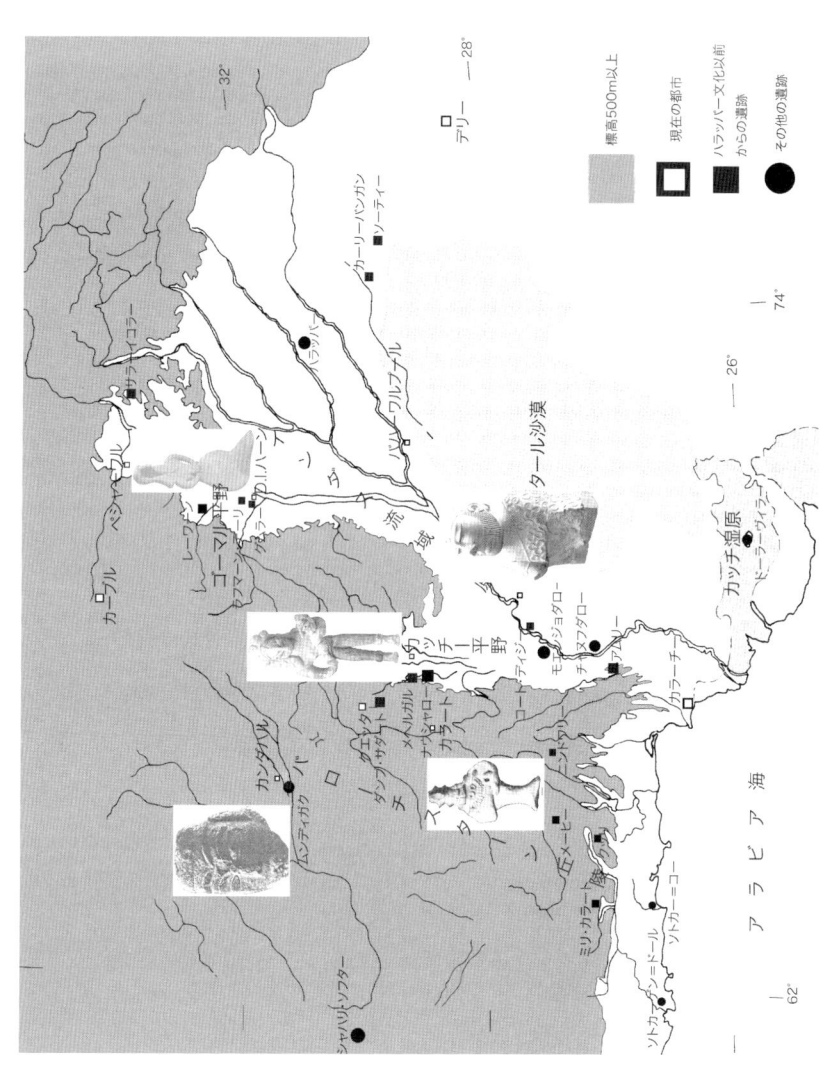

図13 南アジアの前3千年紀中頃から2千年紀初頭の男性像

求心力が男性土偶に象徴されていたことの証左でもある。

　男性土偶によって、どのような世界観が表現されていたのかは明瞭でない。しかし、集団規模の拡大と複雑化、そして他地域との接触から生じた認知される世界の拡大は、社会集団が共有する世界観の変化・変容のきっかけとなっていたのは確かであろう。都市遺跡メヘルガルの衰亡は、クエッタ文化とインダス文明双方に現出した男性土偶に象徴化された社会集団求心力の高まりと新たな世界観をもつ社会集団の軋轢にその原因があったのである。

おわりに

　人間社会の複雑化と併行して現れた男性像に社会と人々の心性の変化を読み取ってきた。固い言葉を使うならば、部族社会から首長制を経て国家を生み出す人間集団の社会構造の変化は、社会経済の規模と複雑化の進展に伴うものだが、その過程で人々の心の支えは自然の営みを肯定して豊饒を願う地母から、地縁に基づく多様な人々を結びつける「力」の象徴となる男性像を作り出した。その背後には、実際に社会を統合する男性指導者が存在したであろう。しかし、土偶は単純に女性から男性へと移行したのではなく、女性像から次第に女性性を強調する表徴が失われるにしたがって小サ子が玉座である女性に抱かれ、そしてその小サ子が男性に抱かれる過程を経ていた。小サ子を介して、女性像のもつ社会の豊饒と保護・育成の観念が男性に引き継がれたのである。土偶の変遷は、現実社会での現象を受け止め、飲み込み、新たな世界観を現出させるために必要な心の準備過程を反映していた。

　先史時代以来、人々は心の拠り所を何かに求めてきた。それを単純に心の弱さと捉えるのではなく、人間も自然の一部として存在することを受け止め、認識するためであったことを確認する必要があろう。南アジア先史土偶の女性像から男性像への推移過程で、小さ子を媒介者としていたように，人は社会の急激な変化に心が追いつかずに緩衝地帯を設けたのであった。心の緩衝地帯を求める欲求を打ち消すことなく，素直に表し、標榜することが現代の我々にも必要なのではないだろうか。

参考文献

Andeleanu-Jansen, A. 1992 "New Evidence on the Distribution of Artifacts: An Approach Towards a Qualitative-Quantitative Assessment of the Terracotta Figurines of Mohenjo-daro". *South Asian Archaeolog 1989*: 5-14.

Andeleanu-Jansen, A. 1993 *Die Terrakotten in Mohenjo-Daro*. Aachen University Misson, Occasional Papers.

Clark, S. R. 2005 "The Elusive "Mother goddess": a Critical Approach to the Interpretation of Harappan Terracotta Figurines". *South Asian Archaeology 2001*:61-77.

Gosline, S. L. 1994 "Instrumentalists or Devotees?: Three "Female" figurines from Nippur". *From Sumer to Meluhha: Contributions to the Archaeology of South and West Asia in Memory of George F. Dales*: 193-198. Madison: Wisconsin Archaeology Reports, Volume 3. Department of Anthropology, University of Wisconsin.

Jansen, M. 1985 "Moenjo-daro HR-A, House I,A Temple? Analysis of an Atchitectural Structure". *South Asian Archaeology 1983*: 157-206.

Jansen, M., M. Mulloy and G. Urban. 1991 *Forgotten Cities on the Indus, Early Civilization in Pakistan from the 8th to the 2nd Millennium BC*. Mainz: Verlag Philipp von Zaben.

Jarrige, C. 1991 "The Terracotta Figurines from Mehrgarh". in (eds.) Jansen, M. *et al*. 1991: 87-93.

Jarrige, C. 1997 "The Figurines from Nausharo Period I and Their Further Developments". *South Asian Archaeology 1995*: 33-43.

Jarrige, C. 2005 "Human Figurines from the Neolithic Levels at Mehrgarh (Balochistan, Pakistan)". *South Asian Archaeology 2003*: 27-37.

Possehl,G. 2002 *The Indus Civilization: A Contemporary Perspective*. Lanham: Alta Mira Press.

Shudai, H. *et al*. 2015 "Report on the Survey of the Archaeological Materials of Prehistoric Pakistan stored in the Aichi Prefectural Ceramic Museum, Part 6: Human Figurines and Some Remarks on the Social Development in the Pre-/Proto historic Balochistan". *Bulletin of Tsurumi University*, 50. Part 4: 7-29

Vidale, M. 2011 The Lady of the Spiked Throne: the Power of a Lost Ritual. Trieste: EURAL, Dept.of Asian and North African Studies.

Winkelmann, S. 1994 "Intercutural relations between Iran, Cetral Asia and northwestrn India in the light of squatting stone sculptures from Mohenjo-daro". *South Asian Archaeology 1993*: 815-831.

有村　誠	1996	「西アジア新石器時代の土偶について」『筑波大学先史学・考古学研究』7：35-58.
秋山浩三	2002	「弥生開始期における土偶の意味　－近畿縄文「終末期」土偶を中心素材として」『大阪文化財論集』Ⅱ：49-68.
石田英一郎	1987	「桃太郎の母」『石田英一郎全集』第六巻：131-190.（初出は1948『一寸法師』アテネ文庫、弘文堂）.
磯前順一	1987a	「屈折像土偶」について」『考古学雑誌』72（3）：1-29.
磯前順一	1987b	「土偶の用法について」『考古学研究』34（1）：87-102.
磯前順一	1991	「縄文時代の仮面」『考古学雑誌』77（1）：1-58.
磯前順一	1992	「関東以西の屈折像土偶　－地域性への覚書」『国立歴史民俗博物館研究報告』第37集　土偶とその情報：35-43.
磯前順一	1988	「心的象徴としての土偶」『ユング心理学の応用』みすず書房
江坂輝彌	1990	『日本の土偶』六甲出版.
金関　恕	1986	「呪術と祭り」『岩波講座　日本考古学4』270-306.
金子昭彦	2003	「土偶はどれだけ壊れているか　－岩手県における晩期土偶の基礎的分析」『日本考古学』15：95-106.
佐藤嘉広	1996	「東北地方の弥生土偶」『考古学雑誌』81（2）：31-60.
設楽博已	1996	「副葬される土偶」『国立歴史民俗博物館研究報告』68：9-29.
設楽博己	2007	「弥生時代の男女像　－日本先史時代における男女の社会的関係とその変化」『考古学雑誌』91（2）：32-70.
白井光太郎	1886	「貝塚より出でし土偶の考」『人類学会報告』2：26-29.
宗䑓秀明	1999	「ラフマーン・デーリ遺跡とコート・ディジー文化」『考古学雑誌』83（4）：20-42.
宗䑓秀明	2004	「文明と出会った先史農耕文化の衰退と併存－土偶から見たバローチスターン丘陵の文化」『関西大学国際シンポジウム「古代インドの都市像を探る」』83-102.
宗䑓秀明	印刷中	「南アジア新石器文化の年代」『鶴見大学文学部記要』52（4）、2016年3月刊行予定.
坪井正五郎	1889	「コロボックル風俗考第八回」『風俗画報』104：30-33. 東陽堂（1973　国書刊行会）.
ノイマン．E.（福島他訳）	1982	『グレート・マザー』ナツメ社.
能登健一	1983	「土偶」『縄文文化の研究』9、雄山閣.

長谷川敦章	2009	「紀元前3千年紀におけるユーフラテス河中流域の集落と墓域の関連性 －テル・ガーネム・アル・アリ出土の人物形土製品の検討から」西秋良宏・木内智康編『農耕と都市の発生 －西アジア考古学最前線』143-157. 同成社.
原田昌幸	2007	「土偶の多様性」『縄文時代の考古学 11』17-33. 同成社.
春成秀爾	1986	「縄文・弥生時代の婚姻居住様式」『日本民俗社会の形成と発展 －イエ・ムラ・ウジの源流を探る』391-414. 山川出版.
春成秀爾	1985	「弥生時代畿内の親族構成」『国立歴史民俗博物館研究報告』5：1-47.
藤村東男	1998	「出土点数から見た土偶祭祀（千葉県を例として）」『東邦考古』22：15-30.
藤森栄一	1969	『縄文式土器』中央公論美術出版.
松沢哲郎	2002	『進化の隣人ヒトとチンパンジー』岩波新書819、岩波書店.
松本直子	2004	「縄文イデオロギーの普遍性と特異性 －土偶の性格を中心に」『文化の多様性と21世紀の考古学』考古学研究会、150-165.
水野正好	1979	「縄文祭式と土偶祭式と」『土偶』日本の原始美術5、講談社.
吉田敦彦	1976	『小さ子とハイヌウェレ －比較神話学の試み』みすず書房.
吉本洋子・渡辺　誠	1999	「人面・土偶装飾付深鉢型土器の基礎的研究（追補）」『日本考古学』8：51-85.

【著者紹介】

宗䑓　秀明（しゅうだい　ひであき）

東京都出身。鶴見大学文学部文化財学科教授。
ペシャーワル大学大学院考古学科リサーチフェローを経て、1989年上智大学大学院博士後期課程満期退学。専門は南アジア先史考古学および鎌倉を中心とした中世考古学。
1995年『パキスタン考古学の新発見』雄山閣出版（共訳）、2000年『四大文明　インダス』NHK出版（分担執筆）、2005年「中世鎌倉出土の土器・陶磁器」『文部科学省特定領域研究「中世考古学の総合的研究」中世窯業の諸相～生産技術の展開と編年』など。

〈比較文化研究ブックレット No.14〉
南アジア先史文化人の心と社会を探る
－女性土偶から男性土偶へ：縄文・弥生土偶を参考に

2016年3月25日　初版発行

著　　者	宗䑓　秀明
企画・編集	鶴見大学比較文化研究所
	〒230-0063　横浜市鶴見区鶴見2-1-5
	鶴見大学6号館
	電話　045（580）8196
発　　行	神奈川新聞社
	〒231-8445　横浜市中区太田町2-23
	電話　045（227）0850
印　刷　所	神奈川新聞社クロスメディア営業局

定価は表紙に表示してあります。

「比較文化研究ブックレット」の刊行にあたって

比較文化は二千年以上の歴史があるが、学問として成立してからはまだ百年足らずである。近年、世界のグローバル化に伴いその重要性は増してきている。特に異文化理解と異文化交流、異文化コミュニケーションといった問題は、国内外を問わず、切実かつ緊急の課題として現前している。同時多発テロの深層にも異文化の衝突があることは誰もが認めるところであろう。

さらに比較文化研究は、あらゆる意味で「境界を超えた」ところに、その研究テーマがある。国家や民族ばかりではなく時代もジャンルも超えて、人間の営みとしての文化を研究するものである。インターネットで世界が狭まりつつある二十一世紀が、同時多発テロと報復戦争によって始まったことは歴史のパラドックスであろう。文化もテロリズムも戦争も、その境界を失いつつある現在、比較文化研究はその境界を超えた視点を持った新しい学問なのである。

鶴見大学に比較文化研究所準備委員会が設置されて十余年、研究所が設立されて三年を越えて機も熟し、本シリーズの発刊の運びとなった。比較文化論は近年ブームともいえるほど出版されているが、その多くは思いつき程度の表面的な文化比較であり、学術的検証に耐えうるものは少ない。本シリーズは学術的検証に耐えつつ、啓蒙的教養書として平易に理解しやすい形で、知の文化的発信を行おうという試みである。大学およびその付属研究所の使命は、単に閉鎖された空間における学術研究のみにその使命があるのではない。寄与することこそ最大の使命であろう。勿論、研究所のメンバーはそれぞれ機関誌や学術誌に各自の研究成果を発表しているが、本シリーズでより豊かな成果を社会に問うことを期待している。

二〇〇二年三月

鶴見大学比較文化研究所　所長　相良英明

比較文化研究ブックレット近刊予定

■人文情報学読本
―胎動期編―

大矢　一志

　人文情報学を本格的に学習する際に必要となる基本文献は、残念ながら日本ではまとめて読むことが困難です。この小冊子は、『人文情報学への招待』に続くシリーズとして、重要な資料を紙上講読します。読本シリーズ第1弾の胎動期編では、人文情報学の誕生期、同時にそれは計算機時代の幕開けに、研究者がどのような夢や期待を抱いていたのかをみてゆきます。

■アメリカ女子教育の起源

鈴木周太郎

　アメリカ合衆国では建国以来、女子教育の必要性が議論され、実践されてきた。本書では19世紀転換期に開設された三つの女子学校―1790年代フィラデルフィアのヤング・レディズ・アカデミー、1800年代ボストンのスザンナ・ローソンによるアカデミー、1810年代ニューヨーク州トロイの女子セミナリー―のカリキュラムや教科書、生徒たちの記録などを検討し、アメリカにおける女子教育のあり方が19世紀転換期に確立していく過程を見ていく。

比較文化研究ブックレット・既刊

No.1 詩と絵画の出会うとき
～アメリカ現代詩と絵画～　森　邦夫

ストランド、シミック、ハーシュ、3人の詩人と芸術との関係に焦点をあて、アメリカ現代詩を解説。

A5判　57頁　602円（税別）
978-4-87645-312-2

No.2 植物詩の世界
～日本のこころ　ドイツのこころ～　冨岡悦子

文学における植物の捉え方を日本、ドイツの詩歌から検証。民族、信仰との密接なかかわりを明らかにし、その精神性を読み解く！

A5判　78頁　602円（税別）
978-4-87645-346-7

No.3 近代フランス・イタリアにおける悪の認識と愛
加川順治

ダンテの『神曲』やメリメの『カルメン』を題材に、抵抗しつつも〝悪〟に惹かれざるを得ない人間の深層心理を描き、人間存在の意義を鋭く問う！

A5判　84頁　602円（税別）
978-4-87645-359-7

No.4 夏目漱石の純愛不倫文学
相良英明

夏目漱石が不倫小説？　恋愛における三角関係をモラルの問題として真っ向から取り扱った文豪のメッセージを、海外の作品と比較しながら分かりやすく解説。

A5判　80頁　602円（税別）
978-4-87645-378-8

比較文化研究ブックレット・既刊

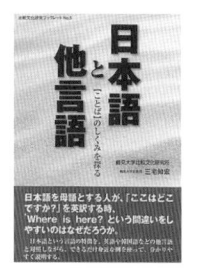

No.5　日本語と他言語
【ことば】のしくみを探る　三宅知宏

日本語という言語の特徴を、英語や韓国語など、他の言語と対照しながら、可能な限り、具体的で、身近な例を使って解説。

　　　　　Ａ５判　88頁　602円（税別）
　　　　　978-4-87645-400-6

No.6　国を持たない作家の文学
ユダヤ人作家アイザックＢ・シンガー　大﨑ふみ子

「故国」とは何か？　かつての東ヨーロッパで生きたユダヤの人々を生涯描き続けたシンガー。その作品に現代社会が見失った精神的な価値観を探る。

　　　　　Ａ５判　80頁　602円（税別）
　　　　　978-4-87645-419-8

No.7　イッセー尾形のつくり方ワークショップ
土地の力「田舎」テーマ篇　吉村順子

演劇の素人が自身の作ったせりふでシーンを構成し、本番公演をめざしてくりひろげられるワークショップの記録。

　　　　　Ａ５判　92頁　602円（税別）
　　　　　978-4-87645-441-9

No.8　フランスの古典を読みなおす
安心を求めないことの豊かさ　加川順治

ボードレールや『ル・プティ・フランス』を題材にフランスの古典文学に脈々と流れる"人の悪い人間観"から生の豊かさをさぐる。

　　　　　Ａ５判　136頁　602円（税別）
　　　　　978-4-87645-456-3

比較文化研究ブックレット・既刊

No.9 人文情報学への招待

大矢一志

コンピュータを使った人文学へのアプローチという新しい研究分野を、わかりやすく解説した恰好の入門書。

A5判　112頁　602円（税別）
978-4-87645-471-6

No.10 作家としての宮崎駿

〜宮崎駿における異文化融合と多文化主義〜　相良英明

「ナウシカ」から「ポニョ」に至る宮崎駿の軌跡を辿りながら、宮崎作品の異文化融合と多文化主義を読み解く。

A5判　84頁　602円（税別）
978-4-87645-486-0

No.11 森田雄三演劇ワークショップの18年

―Mコミュニティにおけるキャリア形成の記録―　吉村順子

全くの素人を対象に演劇に仕上げてしまう、森田雄三の「イッセー尾形の作り方」ワークショップ18年の軌跡。

A5判　96頁　602円（税別）
978-4-87645-502-7

No.12 PISAの「読解力」調査と全国学力・学習状況調査

―中学校の国語科の言語能力の育成を中心に―　岩間正則

国際的な学力調査であるPISAと、日本の中学校の国語科の全国学力・学習状況調査。この2つの調査を比較し、今後身につけるべき学力を考察する書。

A5判　120頁　602円（税別）
978-4-87645-519-5

比較文化研究ブックレット・既刊

No.13 国のことばを残せるのか
ウェールズ語の復興　松山　明子

イギリス南西部に位置するウェールズ。そこで話される「ウェールズ語」が辿った「衰退」と「復興」。言語を存続させるための行動を理解することで、私たちにとって言語とは何か、が見えてくる。

Ａ５判　62頁　602円（税別）
978-4-87645-538-6